NATURE JURIDIQUE DU PRIX DANS LA VENTE

ET

AUTRES RAPPORTS SYNALLAGMATIQUES ANALOGUES.

PAR

THÉOPHILE HUC

PROFESSEUR DE CODE CIVIL A LA FACULTÉ DE DROIT DE TOULOUSE.

Extrait de la REVUE CRITIQUE DE LÉGISLATION ET DE JURISPRUDENCE.

PARIS

A. COTILLON ET Cie, IMPRIMEURS-ÉDITEURS,

Libraires du Conseil d'Etat,

24, RUE SOUFFLOT, 24.

1880

NATURE JURIDIQUE

DU PRIX

DANS LA VENTE

ET

AUTRES RAPPORTS SYNALLAGMATIQUES ANALOGUES.

PAR

THÉOPHILE HUC

PROFESSEUR DE CODE CIVIL A LA FACULTÉ DE DROIT DE TOULOUSE.

Extrait de la REVUE CRITIQUE DE LÉGISLATION ET DE JURISPRUDENCE.

PARIS

A. COTILLON ET Cie, IMPRIMEURS-ÉDITEURS,

Libraires du Conseil d'Etat,

24, RUE SOUFFLOT, 24.

1880

NATURE JURIDIQUE DU PRIX

DANS LA VENTE

ET AUTRES CONTRATS SYNALLAGMATIQUES ANALOGUES.

Le travail qu'on va lire offre le résumé de plusieurs leçons faites par l'auteur dans son *Cours de Code civil approfondi,* leçons présentant la partie *expérimentale* et *démonstrative* d'une théorie précédemment développée sur : *Les procédés analytiques à employer pour arriver à la détermination de la nature juridique d'un droit.*

M. F. Berriat Saint-Prix a apprécié avec bienveillance dans cette *Revue,* (n° d'avril 1880, p. 255), la *leçon d'ouverture* du *Cours* précité ; « Je suppose, dit-il, que l'auteur n'exclut pas de son plan la lecture des textes et la démonstration logique des idées. Il est vrai que le grand nombre des jeunes gens, si j'en crois mon expérience personnelle, goutent peu dans les raisonnements la rigueur géométrique. » — Il doit y avoir ici quelque malentendu, car l'auteur qui ne s'est jamais écarté dans son enseignement oral de cette *rigueur géométrique,* a pu en constater au contraire le succès didactique ; il est même porté à croire qu'un tel procédé, qui n'est d'ailleurs exclusif d'aucun genre *d'ornement,* est le seul convenant complètement au caractère de l'esprit français, qui recherche en toutes choses : la clarté, la précision, la vérité et en même temps une simplicité élégante.

§ Ier.

Le prix est-il la représentation de la chose?

. Position de la question.

II. La formule : le prix représente la chose, est étrangère à la vente.

III. Elimination des cas dans lesquels il n'y a aucun intérêt à rechercher la nature du prix.

IV. Cet intérêt existe seulement quand la chose vendue a péri avant la livraison.

V. Pourquoi les risques sont-ils à la charge de l'acheteur ? opinions généralement admises. — Réfutation.

I. La question de savoir quelle est la nature de l'obligation de l'acheteur quant au paiement du prix de vente, et par voie de conséquence, quelle est la nature du droit correspondant qui appartient au vendeur de l'exiger, revient manifestement à demander : quelle est la nature du prix lui-même ? Il s'agit, en d'autres termes de rechercher quel est, au juste, l'élément que représente le prix dans un contrat de vente.

Cette question est bien loin d'avoir été suffisamment approfondie par les auteurs. Cela tient, probablement, à son apparente simplicité, et encore à cette circonstance que la jurisprudence pratique a eu rarement à s'occuper de faits convenablement caractérisés pour la mettre dans tout son jour.

On dit souvent que le prix est une valeur en argent destinée à remplacer, dans le patrimoine du vendeur, la valeur de la chose vendue ; le prix serait donc : la *représentation de la chose*.

Sans vouloir méconnaître ce qu'il peut y avoir de vrai dans ce premier aperçu, nous ferons d'abord remarquer qu'il ne contient rien qui soit plus particulièrement vrai pour la vente que pour tout autre rapport synallagmatique. Dans tout contrat obligeant les parties à des prestations réciproques, on peut dire que la prestation due par une partie est l'équivalent de la prestation due par l'autre, et par conséquent la représente.

Il faut remarquer en outre que ce même aperçu : *Le prix représente la valeur de la chose* ayant été poussé à l'extrême, a fini par engendrer *contra rationem juris* la rescision pour cause de lésion.

II. Nous croyons aussi que *le prix*, dans la vente, représente *la chose vendue*. Mais cette formule offre un sens équivoque, car elle doit, le plus souvent, demeurer étrangère à la théorie proprement dite de la vente ; elle concerne plus directement certains rapports juridiques pouvant s'élever entre le vendeur et des tiers. Cette formule signifie ordinairement que, dans certains cas où un individu qui avait droit à une chose ne peut avoir la chose elle-même, parce que celui qui la détenait l'a vendue valablement, il pourra, en remplacement de la chose, obtenir le prix qu'elle a produit, et qui, par conséquent, la représente. Voici quelques applications de la formule employée en ce sens :

1° L'absent qui reparaît après l'envoi définitif a le droit de recouvrer le prix de ses biens aliénés, art. 132, C. c.

2° L'ascendant donateur a le droit de recouvrer le prix encore dû de ses biens aliénés, art. 132, C. c.

Voilà dans quel sens on peut dire que le prix représente la chose; on peut dire de même que la chose représente le prix.

3° Les art. 1434 et 1435, C. c., relatifs au remploi peuvent aussi être considérés comme présentant les deux aspects de la règle que l'on a l'habitude de formuler ainsi : *res succedit in locum pretii, et pretium in locum rei* [1].

Donc, lorsqu'on affirme que le prix représente la chose vendue, on veut dire simplement que celui qui avait le droit d'obtenir une chose et qui ne peut l'avoir, peut réclamer le prix produit par cette chose, aperçu qui est tout à fait étranger à la théorie de la vente.

On serait cependant tenté d'en voir une application dans l'ar-

[1] On met souvent cette règle en rapport avec la distinction admise entre les *universitates juris* et les *universitates facti ;* ce qui peut donner lieu des difficultés que nous n'avons pas à examiner ici.

ticle 1629, C. c., donnant à l'acheteur évincé, qui par conséquent ne peut avoir la chose, le droit d'obtenir du vendeur le remboursement du prix. Mais, en y réfléchissant on voit que, dans le droit français moderne, la restitution du prix en cas d'éviction, n'est pas une application de la règle : *res succedit in locum pretii et pretium in locum rei*, mais provient uniquement de ce que le prix a été payé sans cause, la vente de la chose d'autrui étant nulle.

La formule : *le prix représente la chose*, avec la signification que nous venons de lui donner, ne peut donc servir d'aucun secours pour découvrir le véritable caractère du prix dans le contrat de vente ou de l'obligation de le payer. Pour trouver ce caractère il ne faut pas sortir de la vente elle-même.

III. Le véritable caractère de l'obligation relative au prix ne peut évidemment être révélé que par les hypothèses pouvant faire naître un intérêt quelconque à s'en préoccuper. Il faut donc examiner successivement toutes les hypothèses qui peuvent se produire, afin d'éliminer du débat celles dans lesquelles l'examen de la question posée ne soulève aucune espèce d'intérêt entre le vendeur et l'acheteur.

Première hypothèse. — La vente a été faite au comptant; le vendeur a immédiatement livré une chose dont il était propriétaire, et l'acheteur a payé le prix; tout est irrévocablement consommé, et il n'y a pas intérêt à se demander quelle est la nature de l'obligation relative au prix.

Deuxième hypothèse. — Le vendeur a livré la chose d'autrui; il y a eu éviction; le prix est remboursable en vertu de l'article 1629 pour la raison que nous avons déjà donnée, le défaut de cause. Il n'y a pas davantage intérêt à rechercher quelle est la nature du prix.

Troisième hypothèse. — La vente a été faite à terme pour le paiement du prix, mais la livraison de la chose vendue a été immédiate. Quand le prix sera payé, tout sera consommé comme dans le cas de vente au comptant. Si le prix n'est pas payé, le vendeur usera des moyens que lui donne la loi; — mais il n'y aura encore aucun intérêt à rechercher quelle est la nature du prix.

Nous pouvons donc éliminer du débat les trois hypothèses qui précèdent.

IV. *Quatrième hypothèse.* — La chose vendue a été stipulée livrable à terme. Mais avant l'expiration du terme, elle périt par cas fortuit. La loi décide que dans ce cas le prix est encore dû au vendeur; pourquoi? — On ne peut pas répondre : *parce que le prix représente la chose,* puisque la chose aurait péri également si la vente n'avait pas eu lieu. D'ailleurs l'acheteur pourrait faire valoir de son côté la même formule, et dire : « Pour moi aussi, le prix que je donne représente la chose que je reçois; donc si je ne reçois pas la chose, je ne dois pas payer le prix qui devait la représenter. Je ne puis être tenu de payer ce prix que s'il est démontré que, la chose ayant péri, le prix est dû pour une cause tout à fait distincte de la représentation de la chose. »

Nous venons donc de trouver une hypothèse montrant nettement qu'il peut y avoir un réel intérêt à rechercher le véritable caractère du prix dans l'obligation de l'acheteur. Mais si la solution qui met le prix à la charge de l'acheteur ne peut pas s'expliquer par la formule : *Le prix représente la chose,* quelle est l'explication qu'il faudra adopter?

V. Nous nous bornerons à indiquer les deux principales :

1° D'après l'explication qui est le plus généralement suivie, il faut voir, avant tout dans la vente un échange d'obligations. L'obligation du vendeur de livrer la chose, et celle de l'acheteur de payer le prix étant engendrées par le contrat, se trouvent désormais dans un état d'indépendance réciproque. Donc, si l'obligation du vendeur ayant pour objet un corps certain vient à s'éteindre, cette extinction n'empêche pas l'obligation de l'acheteur de subsister; ce dernier doit donc payer le prix.

2° D'après une autre explication, il faudrait raisonner de la manière suivante : à l'impossible nul n'est tenu; *impossibilium nulla obligatio.* Donc, celui qui n'accomplit pas son obligation parce qu'il a été mis, sans qu'il y ait de sa faute, dans l'impossibilité de l'accomplir, doit être considéré et traité comme s'il l'avait accomplie. Telle est la condition du vendeur quand la chose a péri fortuitement entre ses mains avant la tradition. Il faut le considérer comme ayant effectué cette tradition et l'autoriser en conséquence à réclamer le prix. Cette explication résulte, dit-on, de plusieurs textes; on invoque notamment la L. 5, § 2, D. 18, 5, où on lit : « *Mortuo homine, perinde habenda est venditio ac si traditus fuisset;* — mais le texte ajoute immédiatement : *utpote quum venditor liberetur, et emptori homo pereat*. Ce qui signifie seulement que, *pour le vendeur*, c'est comme s'il avait exécuté l'obligation, puisqu'il se trouve libéré et qu'il percevra le prix. Mais ce n'est pas vis-à-vis de lui qu'existe la difficulté, c'est vis-à-vis de l'acheteur. Or, à l'égard de ce dernier, il serait injuste et absurde de prétendre que le vendeur doit être considéré comme ayant exécuté son obligation; une telle fiction aurait l'air d'une plaisanterie vis-à-vis de l'acheteur obligé de payer sans recevoir la chose. Cette explication n'explique donc rien.

Quant à la première, tirée de l'indépendance respective des obligations résultant de la vente, elle conduirait, si elle était acceptée à des conséquences véritablement inadmissibles, pour le cas où la même chose vendue à plusieurs acheteurs différents aurait péri avant le temps fixé pour la tradition. Il en résulterait que le vendeur pourrait exiger autant de fois le prix qu'il y aurait d'acheteurs contrairement à la plus manifeste équité.

Cette observation va nous conduire à examiner les difficultés qui peuvent surgir dans l'hypothèse sus-indiquée d'une vente multiple de la même chose à plusieurs acheteurs différents, hypothèse qui a totalement échappé à l'attention des écrivains français. Nous n'avons en effet absolument rien trouvé sur cette question soit dans les publications modernes, soit dans les ouvrages antérieurs à la promulgation du Code. En Allemagne, la question a été examinée par le professeur Rodolphe von Ihering dans ses *Annales du droit romain* (3e vol.), mais au point de vue seulement des règles de la législation romaine, sur plusieurs points bien différentes des nôtres.

§ II.

Des droits du vendeur quand la chose vendue par lui plusieurs fois a péri.

I. Différences, quant à l'espèce, entre le droit romain et le droit français.

II. Divers cas de vente multiple de la même chose par le même vendeur.

III. Le vendeur peut-il, dans ces cas, exiger plusieurs fois le prix? L'affirmative paraît résulter des règles ordinaires.

IV. Démonstration.

V. Suite.

VI. Examen de la L. 21, D. 18, 4 (*De hæred. vend.*); élimination.

VII. Considération à l'appui de la solution affirmative.

VIII. Effets de cette solution.

I. L'hypothèse d'une vente multiple du même objet soulève une question de droit pur. La solution d'une telle question doit uniquement dériver des principes sur *le juste;* elle se rattache par conséquent au *droit des obligations.* Néanmoins, il faudra tenir grand compte, dans l'étude qu'on en voudra faire d'après les législations diverses, de la manière dont auront été réglementés les points suivants :

1° Le transfert de la propriété.

2° La vente de la chose d'autrui.

Le droit français moderne, après avoir admis le transfert de la propriété par le seul effet du consentement, subordonne finalement le même transfert à l'égard du tiers, du moins pour les immeubles, à la formalité d'une transcription.

Il en résulte que celui qui a vendu une chose cesse immédiatement d'en être propriétaire. Donc si, avant la livraison, il vend une deuxième fois la même chose à un tiers, il vend en réalité la chose d'autrui; or, d'après le droit français, cette vente est nulle.

En droit romain, au contraire, le vendeur demeure propriétaire tant qu'il n'a pas fait tradition de la chose vendue. Par conséquent s'il la vend et la livre à un deuxième acheteur, au préjudice du premier, il rend le second véritablement propriétaire.

Les difficultés que soulève l'hypothèse d'une vente multiple du même objet ne recevront donc pas *nécessairement* la même solution dans toutes les législations. Mais cela dépendra uniquement de la manière différente dont chaque législation aura pu traiter certains points tout à fait étrangers à celui qui nous préoccupe. Il existe cependant un certain nombre d'espèces dans lesquelles rien ne viendra gêner l'application des principes directement afférents à la matière, et où les particularités du droit rançais ne pourront exercer aucune influence ; en voici quelques-unes :

II. *Première espèce.* — Un objet a été vendu le même jour à plusieurs acheteurs différents, ou, ce qui revient au même, les diverses ventes n'ont pas eu lieu, en fait, le même jour, mais comme aucune d'entre elles n'a date certaine, il est impossible d'établir à leur égard un ordre chronologique ; un délai pour la livraison a été convenu, la chose périt dans le délai. Le vendeur pourra-t-il réclamer le prix à chacun des acheteurs?

Deuxième espèce. — Vente d'un champ riverain d'un fleuve livrable après la récolte. L'acheteur ne fait pas transcrire. Dans le délai, vente du même champ à un deuxième acheteur qui fait transcrire ; le champ est emporté par le fleuve avant la récolte. Le vendeur est-il fondé à réclamer le prix tant au premier qu'au deuxième acheteur?

Troisième espèce. — Vente d'un objet mobilier livrable dans un certain délai. Le vendeur vend *et livre* le même objet à un second acheteur. L'objet périt dans le délai convenu avec le premier. Le vendeur pourra-t-il réclamer le prix au premier acheteur?

Quatrième espèce. — Le propriétaire d'une chose a donné mandat à un ami de la vendre. Le mandant et le mandataire, agissant à l'insu l'un de l'autre, vendent le même jour à deux acheteurs différents la chose dont il s'agit livrable à terme. Avant l'arrivée du terme, l'objet périt. Le propriétaire peut-il réclamer le prix aux deux acheteurs ?

Les diverses espèces que nous venons d'indiquer sont de nature à mettre la difficulté dans tout son jour, et à montrer qu'elle ne peut être tranchée que par la réponse à la question suivante : Quelle est la véritable nature du prix ?

La solution que l'équité semble commander n'est pas douteuse : il n'est pas possible que le vendeur puisse deux ou plusieurs fois exiger le prix de sa chose, même dans le cas où il aurait été de bonne foi.

Il paraît cependant difficile, en présence des règles ordinaires de ne pas admettre le vendeur à agir utilement contre tous les acheteurs. Chaque vente, doit être traitée comme si elle était seule ; chaque vente doit produire ses conséquences ordinaires. Aucun des acheteurs ne peut opposer au vendeur le fait de l'autre vente, car ce fait doit être, en droit, considéré comme indifférent.

IV. Que serait-il arrivé, en effet, si la chose n'avait pas péri ? C'est que le vendeur se serait trouvé obligé en vertu de chaque contrat vis-à-vis de chaque acheteur. L'un des acheteurs aurait la chose elle-même, les autres pourraient réclamer des dommages ; c'est ce qui résulte de la L. 15, C., 3, 32 (*De rei vind.*). Cette solution ne peut d'ailleurs soulever aucun doute ; chaque contrat subsiste, l'un ne peut nuire à l'autre, et chacun produit son effet. Or, s'il en est ainsi quand la chose vendue continue d'exister, comment pourrait-il en être autrement quand la chose vient à périr ? En quoi la perte de la chose pourrait-elle donner un résultat autre que la libération de celui qui devait la prester ?

D'ailleurs si l'un des acheteurs pouvait ainsi opposer le fait d'une autre vente, il faudrait évidemment reconnaître ce droit à tous les acheteurs dans tous les cas où il serait impossible d'établir juridiquement un ordre chronologique entre les diverses ventes. Il faudrait alors refuser l'action au vendeur contre chacun des acheteurs, ce qui serait manifestement absurde, et de plus profondément inique si le vendeur avait été de bonne foi.

Remarquons en outre que, s'il n'y avait eu qu'une seule vente, l'acheteur à qui le prix serait réclamé malgré la perte de la chose n'aurait naturellement aucune objection à formuler dans un système législatif mettant les risques à sa charge. Comment donc pourrait-il se faire qu'il pût trouver le principe d'une objection ou exception dans le fait d'une autre vente, c'est-à-dire dans une circonstance qui lui est tout à fait étrangère, qui ne lui cause en réalité aucun préjudice, et qui par conséquent doit le laisser dans la même situation?

Comment pourrait-il *bénéficier*, car c'est *bénéficier* que se prétendre libéré sans payer d'une obligation dont on était tenu, comment pourrait-il bénéficier à l'occasion du fait, vis-à-vis de lui sans conséquence, d'une autre vente?

L'équité ne sera donc pas froissée par la solution qui le soum e à la nécessité de payer ce qu'il doit.

V. Si l'équité est satisfaite quand on résout ainsi la question vis-à-vis d'un seul acheteur, comment serait-elle blessée si on la résout de même à l'égard de tous les autres pour les soumettre tous à l'égale obligation de payer le prix résultant de chaque contrat? Si la chose n'eût pas péri, le vendeur aurait été obligé en vertu de chaque contrat, et eût payé de justes dommages à tous ceux à qui il n'aurait pu délivrer la chose; la réciprocité exige donc, en cas de perte par cas fortuit, que chaque acheteur paie comme s'il était seul.

Ne pourrait-on pas objecter que le vendeur, en vendant plusieurs fois la même chose, a violé l'obligation négative de s'abstenir de tout acte contraire à la foi du contrat, et même l'obligation positive de garder et conserver la chose à la disposition de l'acheteur; que déjà, avant la perte de la chose, il s'était mis lui-même dans l'impossibilité d'exécuter le contrat, et qu'il faut le considérer dès lors comme ayant dégagé l'acheteur de toute responsabilité quant aux risques?...

Nous ferons d'abord remarquer qu'en matière de meubles l'objection ne pourrait se produire que dans le cas où le vendeur ayant livré la chose à l'un des acheteurs, la perte a eu lieu postérieurement à cette délivrance. Car si, la délivrance n'ayant été effectuée au profit d'aucun des acheteurs, la chose avait péri entre les mains du vendeur, ce dernier pourrait dire à chacun des acheteurs que c'est précisément à lui qu'il avait l'intention de faire la délivrance, et par conséquent de procurer la propriété (art. 1141, C. c.).

Il n'y aurait pas lieu, non plus, à une semblable objection dans le cas cité plus haut (2e espèce) où le deuxième acheteur a transcrit avant le premier. Le vendeur que l'on peut supposer de bonne foi, pourrait en effet répliquer qu'il dépendait du premier acheteur de transcrire avant le second et de s'assurer ainsi la qualité de propriétaire.

Enfin, l'objection tirée de la prétendue violation du contrat serait encore sans valeur dans tous les cas de ventes ayant *la même date* ou conclues de *bonne foi* par le vendeur.

Donc, quand même l'objection serait fondée, elle laisserait néanmoins en dehors de son action un nombre encore assez considérable de cas dans lesquels il serait impossible de dénier au vendeur le droit d'exiger le prix de chacun des acheteurs.

Mais l'objection ne porte pas. Il peut arriver, en effet, que le vendeur, quoique ayant vendu *et livré* la chose à un deuxième acheteur, puisse en redevenir propriétaire de manière à pouvoir la procurer en temps utile au premier acheteur. Il peut, disons-nous, en redevenir propriétaire par rachat, donation, legs, succession, par l'effet d'une action résolutoire ou rescisoire, etc. Les moyens ne manquent pas. Le fait d'une deuxième vente n'étant donc pas exclusif par lui-même de toute possibilité d'exécuter le contrat, il faut reconnaître que l'exécution du contrat n'a été rendue impossible que par l'évènement ultérieur qui a fait périr la chose, et qui serait arrivé quand même il n'y aurait pas eu une deuxième vente. La deuxième vente est donc un fait indifférent dont il n'y a pas lieu de tenir compte.

Il ne saurait y avoir aucun doute à cet égard :

« *Is qui ex stipulatu Stichum debeat*, dit Gaius, *si eum ante moram manumiserit, et is priusquam super eo promissor conveniatur, decesserit, non tenetur; non enim per eum stetisse videtur quominus eum prestaret.* » — L. 45, D. 44, 7. *De oblig. et act.*

Il en serait évidemment de même, si le débiteur, au lieu d'affranchir l'esclave par lui dû, l'avait vendu à un autre :

« *Idemque dicemus*, fait observer Cujas, sur le texte précité, *si eum servum alii vendiderit, et mox idem servus vita decesserit ante moram debitoris qui eum alii promiserat* [1]. »

L'application des règles ordinaires du droit conduit donc à reconnaître au vendeur le droit d'agir contre les acheteurs.

VI. Enfin, il semble que la difficulté ait été prévue par un texte fort intéressant du droit romain, et résolue implicitement en faveur du vendeur contre tous les acheteurs. Il s'agit de la L. 21, D. 18, 4. (*De hered. vend.*). Paul examine dans ce texte la question de savoir si l'acheteur d'une hérédité en bloc peut réclamer le prix que l'héritier aurait reçu antérieurement pour certains objets de cette même hérédité qu'il aurait vendus à des tiers, ou bien s'il doit se contenter de la valeur réelle de ces mêmes objets sauf même à ne rien recevoir, si ces objets ont péri par cas fortuit.

Tout en répondant affirmativement à la première demande, il fait remarquer que la chose changerait d'aspect, si au lieu de

[1] *Ad leg.* 45, *in tit. de oblig. et act.* Il ne faut pas perdre de vue que la solution donnée par Paul est tout à fait indépendante de la forme particulière (la stipulation) qui a engendré l'obligation dans l'espèce précitée. La solution dérive de la nature même du rapport juridique considéré objectivement, abstraction faite de la forme spéciale adoptée par les parties pour le rendre obligatoire. Il s'agit uniquement des effets de la perte de la chose combinée avec la théorie de la *mora*. Aussi n'est-il ni contesté ni contestable que la solution ci-dessus s'applique dans le cas où la chose est due en vertu d'un contrat de vente proprement dit (*emptio-venditio*). Cela est d'autant plus vrai que le rapport synallagmatique désigné par les modernes sous le nom de *contrat de vente* peut être décomposé, et a été en effet décomposé dans le droit romain primitif en ses éléments unilatéraux, *emptio, venditio*. Or il est facile, et cela avait lieu le plus souvent, d'appliquer les formes de la stipulation à chacun de ces éléments séparés : *Centum dare spondes si equum dederim. — Equum dare spondes si centum dederim.*

Von Ihering va même plus loin ; il soutient, ce qui nous parait excessif, que la signification analytique du contrat de vente, et sa réduction à deux stipulations unilatérales, a dû se produire tout d'abord, et que c'est postérieurement, sous l'influence du *jus gentium*, que le contrat de vente aurait été reconnu comme essentiellement bilatéral, et que néanmoins on aurait maintenu le dédoublement abstrait de la *venditio* et de l'*emptio*, sous l'empire des souvenirs des deux stipulations unilatérales primitivement en vigueur pour rendre obligatoire la convention intervenue entre le vendeur et l'acheteur. Voy. *L'esprit du droit romain*, Trad. MEULENAERE. T. IV, p. 5 et 197.

a vente d'une hérédité, il s'agissait de la vente d'une chose singulière :

«.... *Nam si eumdem hominem tibi vendidero, et necdum tradito eo alii quoque vendidero, pretiumque accepero, mortuo eo videamus ne nihil tibi debeam ex empto, quoniam moram in tradendo non feci: pretium enim hominis venditi, non ex re, sed propter negotiationem percipitur, et sic fit quasi alii non vendidissem; tibi enim rem debebàm, non actionem.* »

Paul se demande donc si le vendeur ayant reçu le prix d'un deuxième acheteur, et la chose ayant péri, est tenu de faire compte de ce prix au premier acheteur, et il décide que non.

Cette solution semble impliquer :

1° Que le premier acheteur avait déjà payé son prix; — car autrement il serait absurde de se demander s'il peut exiger que le vendeur lui fasse compte de celui *(peut-être plus élevé)* qui a été perçu d'un deuxième acheteur;

2° Que le vendeur ayant reçu le prix du premier acheteur parce qu'il lui était dû, et pouvant le garder à cause de celà, pourrait l'exiger s'il n'avait pas encore été payé;

3° Qu'il peut évidemment garder aussi ou exiger, selon les cas, le prix convenu avec le deuxième acheteur;

4° Qu'il n'y aurait pas de motifs pour qu'il en fût autrement à l'égard d'un troisième, d'un quatrième acheteur, etc.

Néanmoins, et après un examen plus approfondi, nous pensons que ce texte doit être éliminé de la discussion comme étranger au point qu'il s'agit d'étudier.

Paul, en effet, ne se demande pas si le vendeur peut exiger plusieurs fois le prix, mais seulement si le premier acheteur peut exiger du vendeur qu'il lui fasse compte du prix *(peut-être plus élevé)* que lui vendeur a retiré d'un deuxième acheteur. Voilà l'unique question sur laquelle se prononce Paul, et il se prononce négativement. Mais il n'examine pas la question de savoir :

1° Si le premier acheteur qui a payé le prix, ne pouvant pas exiger que le vendeur lui fasse compte du produit *(peut-être supérieur)* de la deuxième vente, ne peut pas cependant réclamer la restitution du prix par lui payé ?

2° Si le premier acheteur n'ayant pas encore payé n'est pas

fondé à refuser le paiement au vendeur qui a déjà reçu le prix d'un deuxième acheteur ?

VII. Il est donc positif que la L. 21, D., 18, 4, est étrangère à la question. Mais la théorie que nous avons exposée jusqu'ici ne repose pas moins sur des bases juridiques. Elle peut en outre se justifier par des considérations spécieuses, même dans les hypothèses les plus exagérées, dans le cas, par exemple, de plusieurs ventes consenties sciemment le même jour à plusieurs personnes différentes, d'une même chose exposée à des chances nombreuses de perte.

On peut supposer qu'il s'agit, par exemple, d'une statue antique, découverte sur une plage lointaine, qui a attiré l'attention des archéologues et des artistes de tous les pays... Cette statue est actuellement sur un navire cinglant vers la France. Pendant que le navire est encore en pleine mer, le propriétaire de la statue en fait vente le même jour, pour une somme considérable, à dix, vingt personnes différentes. La tempête fait sombrer le navire, et la statue périt... Pourquoi le vendeur libéré à l'égard de tous les acheteurs ne pourrait-il pas demander à chacun d'eux le prix convenu ? Il n'a rien fait qui soit contraire à la délicatesse ; il a spéculé sur les chances de l'avenir, mais il n'a spéculé aux dépens du patrimoine d'aucun de ceux avec qui il a traité ; il n'a engagé et compromis que son seul patrimoine, voici quel a été son raisonnement :

« Il s'agit d'une chose précieuse exposée à des chances constantes de perte tant que durera le voyage en mer. Il est donc permis de supposer qu'elle périra. Dans cette supposition je puis cependant la vendre à un tiers sans que la probité la plus scrupuleuse puisse y trouver à redire. Pourquoi en serait-il autrement si au lieu de la vendre à un seul, je la vends à dix, à vingt acheteurs ? C'est aux dépens de mon patrimoine seul que je spécule. Si l'objet arrive au port, je suis ruiné ; car il faudra que je fasse la livraison à l'un des acheteurs et que je paie à chacun des autres des dommages considérables pour l'inexécution de mes engagements. Si au contraire la chose périt, je m'enrichis, car je pourrai réclamer le prix à chacun des acheteurs. Le prix, en effet, suivant l'heureuse expression de Paul dans la L. 21 précitée : *prop-*

ter negotiationem percipitur. Quel que soit l'acheteur à qui je m'adresserai, il faudra traiter la *negotiatio* intervenue entre lui et moi comme si elle était seule. La spéculation à laquelle je me suis livré est tout simplement du *négoce;* l'expression est devenue française, je n'ai porté en réalité préjudice à personne, je n'ai commis de dol vis-à-vis de personne..... »

Comment répondre à une telle argumentation ?

VIII. Voyons maintenant quelques uns des effets de cette théorie :

Nous avons fait remarquer dès le début que la règle moderne du transfert de la propriété par le seul effet du consentement avait pour résultat de rendre plus rares en droit français qu'en droit romain les cas dans lesquels la difficulté que nous examinons peut se présenter. Le droit romain, à ce point de vue, était, en fait, plus favorable à l'auteur de plusieurs ventes multiples que le droit français.

Nous allons voir maintenant que la même règle sur le transfert de la propriété a pour résultat, en droit français, quand les cas de vente multiple se rencontrent, de faire au vendeur une situation qui peut être meilleure qu'en droit romain.

En droit romain, il pouvait y avoir un grand intérêt à vérifier si la chose avait péri par suite d'un cas fortuit proprement dit *(casus)*, ou par un fait imputable à un tiers. Dans cette dernière hypothèse, le vendeur, étant obligé de céder ses actions contre l'auteur du dommage, n'aurait pu exiger le prix que d'un seul acheteur, puisque la cession dont s'agit n'aurait pu être effectuée qu'une fois.

Dans le droit français moderne, au contraire, le principe du transfert de la propriété par le seul effet du consentement a eu pour résultat d'empêcher la propriété de demeurer sur la tête du vendeur. Si donc la chose vendue vient à périr par le fait d'un tiers, l'action en dommage contre ce tiers naît directement sur la tête de l'ache eur devenu propriétaire par l'effet immédiat du contrat, ou sur la tête des divers acheteurs devenus forcément copropriétaires dans le cas de plusieurs ventes ayant la même date. Il n'y a donc pas de cession à faire, et l'art. 1303 n'a qu'une application bien restreinte dans la théorie du Code civil [1].

[1] Les auteurs soutiennent même, en général, que l'art. 1303 ne peut

Il en résulte donc que dans une hypothèse où le vendeur ne pourrait, d'après le droit romain, recevoir le paiement qu'une seule fois d'un seul *quelconque* des acheteurs, il pourra, d'après le droit français, le recevoir cumulativement de tous.

§ III.

Quand la chose vendue a péri, le prix revêt le caractère d'indemnité.

I. La solution qui accorde plusieurs fois le prix au vendeur est contraire à l'équité.

II. D'après le droit *abstrait*, les risques doivent être supportés par la partie responsable du retard dans l'exécution de la vente.

III. D'après le droit *positif*, la question est tranchée par voie de présomption ; — Fondement de cette présomption.

IV. Suite ; — C'est une convention accessoire.

V. Conclusion : Quand la chose a péri, le prix revêt le caractère d'indemnité.

I. Les déductions qui nous ont conduit à reconnaître que le vendeur, dans les cas proposés, peut toucher le prix d'une même chose autant de fois qu'il lui a plu de la vendre, et cela UNIQUEMENT *parce que cette chose ne peut être procurée à aucun des acheteurs* (!!), ces déductions, disons-nous, paraissent irréprochables.

Une telle solution choque néanmoins le sens juridique intime, et l'équité n'est pas satisfaite.

En pareille occurence il ne suffit pas de constater cette impression encore vague et peu raisonnée qu'une solution donnée paraît en opposition avec *ce qui est juste*. Le jurisconsulte doit soumet-

avoir aucun sens utile aujourd'hui. On verra ultérieurement que cela n'est pas exact.

tre cette impression elle-même à l'analyse et rechercher quel est le côté de la solution qui blesse l'équité.

Voyons donc en quoi consiste précisément l'injustice de la décision que nous avons à examiner :

L'iniquité consisterait-elle en ce que chacun des acheteurs serait *tenu* de payer le prix ? Évidemment non, puisque l'examen de la difficulté fait successivement à l'égard de chacun, aboutit forcément, comme on l'a vu, à reconnaître *chacun* comme débiteur, et à refuser à *chacun* le droit de tirer une objection quelconque des autres ventes.

On pourrait donc admettre que le vendeur, pour recevoir le prix *une fois*, aura cependant une action qu'il pourra diriger à son choix contre l'un *quelconque* des acheteurs, sans que l'acheteur *quelconque* interpellé puisse se plaindre.

Par conséquent l'iniquité réside non pas dans cette circonstance que *tous les acheteurs sont tenus*, mais uniquement dans celle-ci, que *le vendeur pourrait encaisser plusieurs fois le prix de la même chose.*

C'est là une précision importante dont nous verrons plus tard l'application.

Remarquons maintenant que la base juridique de la prétention (qui paraît exorbitante) du vendeur, consiste dans une règle incontestable de droit positif ainsi conçue : *l'acheteur doit payer le prix convenu quoi qu'il advienne*, règle que l'on peut décomposer de la manière suivante :

1° L'acheteur est tenu de payer le prix *quand la chose n'a pas péri ;*

2° L'acheteur est également tenu de payer le prix *quand la chose a péri.*

On est alors frappé de ce qu'il y a d'étrange dans une théorie qui, pour deux situations diamétralement opposées, aboutit à la même solution. L'esprit soupçonne que l'obligation dont l'acheteur est tenu *quand la chose a péri*, ne saurait avoir le même caractère que l'obligation dont il est tenu *quand la chose n'a pas péri ;* il ne doit pas évidemment y avoir une véritable *identité* entre ces deux obligations. Là est probablement le nœud de la difficulté, et c'est par conséquent de ce côté qu'il faut diriger nos investigations.

II. Et d'abord, quand la chose a péri, pourquoi soumettre l'acheteur à la nécessité de payer le prix? Cela est-il bien juridique, bien conforme à l'intention des parties contractantes? Il est permis d'en douter, et les plus grands esprits en ont douté en effet. On sait que Cujas avait d'abord soutenu que le vendeur devait supporter les cas fortuits; vaincu par l'évidence des textes, il fut obligé de rejeter plus tard cette opinion, mais en ajoutant toutefois qu'elle lui paraissait la plus équitable. Les raisons alléguées pour justifier la décision qui met les risques à la charge de l'acheteur, ne peuvent pas détruire ce fait que l'acheteur ne s'est obligé à payer le prix que pour avoir la chose, et qu'à la condition d'avoir réellement cette chose :

« Tout cela, dit Pufendorff, ne nous fournit pas une raison claire et convaincante pourquoi le vendeur étant obligé de mettre l'acheteur en pleine possession de la chose vendue, le dernier doit, plus tôt que le premier, porter la perte qui survient avant que celui-ci ait effectué son engagement. Et il ne sert de rien d'alléguer ici quelques lois qui disent que quand on a promis une chose en espèce on n'en est point garant au cas qu'on la perde....... Mais d'où vient que dans un contrat intéressé de part et d'autre, comme la vente, lorsque le vendeur n'a pas encore exécuté ce à quoi il est tenu par le contrat, l'acheteur doit se résoudre à perdre la marchandise et à la payer pourtant? Pour moi, il me semble que le meilleur moyen de découvrir ici les règles de l'équité naturelle, c'est de distinguer si le retardement de la délivrance vient ou de ce que la chose vendue ne pouvait être transportée qu'en un certain temps au lieu où elle devait être délivrée, ou de la faute du vendeur qui pouvant délivrer la marchandise ne l'a pas fait, ou bien s'il n'a tenu qu'à l'acheteur d'en prendre possession. Dans les deux premiers cas, il n'y a point de doute que la perte ne soit pour le compte du vendeur. » Barbeyrac adopte le même sentiment[1].

Il nous semble qu'en proposant une distinction aussi rationnelle, les théoriciens du droit naturel sont demeurés fidèles aux

[1] PUFENDORFF, *Droit de la nature et des gens*, avec les notes de BARBEYRAC, t. V, chap. V, § 3.

vrais principes en matière d'obligations. Mais ils ont négligé de rechercher si le droit positif devait se borner à consacrer purement et simplement une telle distinction, ou s'il n'était pas plus convenable de statuer en pareille matière à l'aide d'une présomption légale conçue de manière à pouvoir, dans tous les cas, mettre les risques à la charge de l'une des parties?

C'est qu'en effet, dans la pratique, l'application de la distinction proposée par Pufendorff aurait donné lieu à une foule de procès dans lesquels le juge aurait eu à élucider, d'après des circonstances bien difficiles à déterminer, le point fort obscur de savoir dans l'intérêt de qui le délivrance de la chose vendue avait été retardée;

III. Le législateur a donc tranché la question par voie de présomption. Dans quelques pays, en Angleterre, par exemple, et en Autriche, il s'est prononcé contre le vendeur; c'est ce dernier qui porte les risques de la chose vendue. En France, au contraire, où on a suivi sur ce point les principes du droit romain, on a laissé les risques à la charge de l'acheteur, et pour mieux expliquer cela, on l'a même déclaré de plein droit propriétaire [1].

Voyons maintenant en quoi consiste précisément la présomption admise par le législateur et quels en sont les motifs.

D'après M. D'Ihering *(loc. cit.)* la présomption légale dont il s'agit consisterait en ce que l'acheteur est toujours considéré,

[1] Nous savons bien que quelques personnes ont soutenu que l'acheteur, en droit français, porte les risques parce que, d'après notre droit, il est rendu propriétaire par le seul effet du contrat, art. 1138, C. c. Mais c'est là se payer de mots. Quand le C. civil fut discuté, tout le monde était d'accord pour mettre les risques à la charge de l'acheteur, ou créancier; c'est parce qu'on ne savait comment concilier cette solution considérée comme *nécessaire* avec la prétendue règle: *res perit domino*, qu'on déclara l'acheteur ou créancier devenu propriétaire par le seul effet de la convention. Mais c'était substituer à la formule usitée, une formule nouvelle ayant le même but et la même signification. De sorte que, dire que l'acheteur d'un corps certain en devenait immédiatement propriétaire, ou dire qu'il en portait désormais les risques, cela revenait absolument au même. La vérité est que la question des risques est tout à fait indépendante de celle du transfert de la propriété. Ce point peut aujourd'hui être considéré comme hors de toute contestation. Voyez ce que nous avons dit à cet égard dans notre *Transfert de la propriété*, p. 28 et suiv.

sauf clause contraire, *comme ayant occasionné lui-même le retard dans la délivrance,* et par suite responsable des cas fortuits qui dans l'intervalle, pourraient la rendre impossible.

Quant aux motifs de cette décision favorable au vendeur, ils sont ainsi indiqués par le professeur allemand : « La vente a pour effet de lier en quelque sorte les mains au vendeur en l'obligeant à laisser la chose à la disposition de ce dernier, en lui enlevant par suite la possibilité de la soustraire aux cas fortuits en en disposant autrement. La faculté de vendre constitue en effet pour le propriétaire un moyen de transporter sur autrui la charge des cas fortuits. Cette interdiction de disposer de la chose constitue donc un préjudice qui résulte pour le vendeur du fait même de la conclusion du contrat ; il est donc juste que l'acheteur l'indemnise, et l'indemnité consistera précisément dans l'obligation de l'acheteur de supporter les risques. »

Ces derniers aperçus sont exacts ; mais l'explication donnée par M. D'Ihering en ce qui touche la présomption de la loi est inadmissible. Il n'est pas possible que la présomption de la loi consiste en ce que l'acheteur doive être considéré *comme ayant occasionné lui-même le retard dans la délivrance,* car l'observation des faits démontre que, le plus souvent, c'est précisément le contraire qui est vrai. Le retard proviendra presque toujours du fait du vendeur, ou tout au moins d'une circonstance non imputable à l'acheteur. Quelquefois, cela sera rendu évident par les termes de la vente, comme dans les exemples suivants :

Vente d'un immeuble livrable après la récolte ;

Vente d'une jument pleine, livrable quand elle aura mis bas, le produit ayant été réservé par le vendeur ;

Vente d'un objet transporté sur un vaisseau actuellement en mer, et ne devant surgir au port que dans un certain délai, etc.

Dans toutes ces espèces et mille autre autres analogues, si l'objet vendu vient à périr, il serait véritablement absurde pour expliquer la responsabilité de l'acheteur de dire qu'*il est présumé avoir occasionné lui-même le retard dans la délivrance.* Si pour établir une présomption, le législateur avait voulu tenir compte *de eo quod plerumque fit* en matière de retard dans la délivrance, il aurait dû se prononcer en faveur de l'acheteur. C'est ce qu'il a fait en Angleterre et en Autriche. Mais en droit romain et en droit français, puisque le législateur s'est au contraire prononcé en faveur du vendeur, c'est qu'il s'est placé à un point de vue bien différent.

IV. Laissant de côté la question de savoir qui doit être considéré comme étant responsable du retard dans l'exécution du contrat, la loi française, comme la loi romaine, présume l'*existence entre les parties d'une clause tacite, mettant les risques à la charge de l'acheteur, alors même que le retard serait imputable au vendeur.*

Le vendeur fait le raisonnement suivant :

« Si je vous vends la chose livrable à terme, je dois d'après la rigueur des principes purs, porter les risques de la chose sans pouvoir m'en décharger en disposant de cette même chose au profit d'un tiers. Or, je vends précisément pour me soustraire aux chances de perte qui peuvent menacer la chose; donc, je ne consens au contrat que si vous, acheteur, prenez les risques à votre charge à titre de compensation ou indemnité. »

C'est donc en vertu d'une *convention* ou *clause accessoire* légalement présumée entre les parties que l'acheteur supporte les risques comme le ferait un assureur. Cette interprétation a l'avantage de rendre impossible toute contradiction entre l'évidente réalité des faits et les suppositions de la loi.

Von Ihering finit du reste par adopter aussi la même manière de voir, car il conclut ainsi : « Toute vente indépendamment de la convention principale relative à l'échange du prix et de la chose, comprend nécessairement une convention relative à une obligation *éventuelle* qui devient *effective* chaque fois qu'il arrive un cas fortuit. »

Au point de vue économique, la solution admise par le législateur français est évidemment la seule qui soit compatible avec un développement convenable des transactions entre citoyens. L'observation de Ihering que la vente est un moyen de se soustraire aux cas fortuits est d'une justesse évidente qui s'est vérifiée à toutes les époques. Il arrive bien souvent que le propriétaire d'un objet précieux hésite à le conserver uniquement à cause des éventualités qui peuvent se produire, perte, vol, incendie, etc. Pour se soustraire à ces éventualités, il cherchera à le vendre.

Si, d'après les principes abstraits, il devait continuer de porter les risques malgré la vente, il est manifeste qu'il ne vendrait pas du tout, ou qu'il ne voudrait vendre qu'au comptant. Or, une vente au comptant est loin d'être aussi facilement praticable qu'une vente à terme. Il peut y avoir pour le vendeur difficulté ou impossibilité à livrer actuellement la chose, comme pour l'acheteur, impossibilité à payer immédiatement le prix. Néanmoins le propriétaire n'hésitera pas à vendre à terme si l'acheteur consent à prendre les risques à sa charge, c'est-à-dire à jouer vis-à-vis de lui le rôle d'un véritable *assureur*. Le prix, *si la chose périt*, représente alors l'indemnité du préjudice, résultant pour le vendeur, de ce que à une vente au comptant (possible) il a consenti à substituer une vente à terme. Le procédé législatif qui a érigé en présomption légale l'existence d'une telle clause accessoire favorise donc singulièrement les transactions.

V. Constatons maintenant que les aperçus qui précèdent font apparaître clairement la vérité suivante que, jusqu'ici, nous n'avions pu que pressentir ou entrevoir :

L'obligation dont l'acheteur est tenu *quand la chose a péri* n'a pas le même caractère que l'obligation dont il est tenu *qnand la chose n'a pas péri.*

Quand la chose n'a pas péri, l'obligation de payer le prix est la réciproque naturelle de l'obligation de livrer la chose ;

Quand au contraire la chose a péri, l'obligation de payer le prix représente l'indemnité stipulée par le vendeur en compensation du préjudice résultant pour lui de ce qu'il a renoncé à la faculté de transporter sur un autre les risques de la chose, *alias*, de ce qu'il a accepté une vente à terme quand il pouvait peut-être espérer une vente au comptant.

La créance du vendeur quand la chose a péri est donc une créance *d'indemnité* dont l'évaluation ou le montant est déterminé naturellement par l'évaluation donnée au prix lui-même dans la convention principale, et qui, pour ce motif, paraît se confondre avec l'action proprement dite en paiement du prix. L'analyse que nous venons de faire a eu pour résultat de mettre en relief son existence distincte.

§ IV.

Le vendeur en toute hypothèse ne peut percevoir le prix qu'une fois.

I. Principe de solution.

II. Application aux hypothèses où la perte de la chose ne pouvait causer aucun préjudice au vendeur.

III. Application au cas où la chose volée ayant été vendue par le voleur, périt avant la livraison.

I. De ce que le droit du vendeur de réclamer le prix de la chose qui a péri par cas fortuit n'est rien autre chose, en réalité, que le droit d'obtenir la réparation d'un préjudice éprouvé, c'est-à-dire une indemnité tout à fait analogue à celle qui est due en matière d'assurances, il en résulte cette double conséquence, que son droit cessera :

1° S'il ne devait éprouver aucun préjudice, ou si, en fait, il n'a éprouvé aucun préjudice par suite de la perte de la chose ;

2° S'il se trouve indemnisé d'autre part des suites de ce même préjudice.

C'est cette précision qui va nous permettre maintenant de trancher toutes les difficultés que présentent les cas de vente multiple de la même chose, et autres cas analogues.

II. Examinons d'abord les hypothèses dans lesquelles la perte de la chose ne peut causer au vendeur aucun préjudice dont il doive être indemnisé.

L'obligation de l'acheteur de payer le prix quand la chose a péri a pour cause, il ne faut pas le perdre de vue, le préjudice que le vendeur subirait *dans son patrimoine*, en vertu des principes abstraits qui laissent les risques à sa charge. Donc dans toutes les hypothèses où, *même d'après les principes abstraits,* la perte de la chose est indifférente pour le vendeur, il est manifeste qu'il ne pourra pas réclamer le prix à l'acheteur. C'est ce qui arrivera chaque fois que la chose ne faisait pas partie, ou ne faisait plus partie de son patrimoine ; ce qui peut se présenter dans les cas suivants :

Premier cas. — Celui qui a déjà vendu une chose mobilière livrable dans un certain délai, profite de ce que en fait il est demeuré détenteur de la chose pour la vendre et *la livrer* à un second acheteur, étant encore dans le délai convenu, ou bien pour en faire donation et *livraison* à un tiers..... La délivrance effectuée a eu pour effet immédiat de rendre l'*accipiens* propriétaire, (art. 1141, C. c.) et de mettre désormais les risques à sa charge [1].

Donc, si maintenant la chose périt, même avant l'expiration du délai convenu avec le premier acheteur, elle périt aux dépens du patrimoine de l'*accipiens* et non aux dépens du patrimoine du vendeur ; ce dernier n'éprouve donc aucun préjudice dont il puisse réclamer la réparation. Qu'il ait agi de bonne ou de mauvaise foi, peu importe, il n'aura pas d'action contre l'autre acheteur, et ainsi se trouve réglé tout naturellement l'un des cas de la vente multiple, celui où le vendeur a livré la chose à l'un des acheteurs.

Deuxième cas. — Le vendeur n'aura pareillement aucun droit lorsque la chose vendue appartenait encore à un tiers, ainsi par exemple :

Vente d'un cheval à l'essai, l'essai doit durer huit jours. Le vendeur est donc resté propriétaire (sous condition résolutoire) et continue de porter les risques de la chose, art. 1588 et 1182 C. c. — L'acheteur à 'essai, qui est un marchand de chevaux, s'empresse à son tour de vendre également à l'essai, le même cheval à un tiers, mais avec la clause spéciale que, par dérogation à l'art. 1182 les risques passeront à la charge de ce tiers [2]. Le cheval périt

[1] A peine avons-nous besoin de dire que pour rendre compte de la vraie signification des art. 1141 et 2279, nous repoussons formellement la conception d'une *prescription instantanée*, plaisamment désignée par deux vocables dont le premier implique le *laps de temps* que le second a pour but d'exclure.

[2] Remarquons qu'en agissant ainsi, le marchand de chevaux ne s'est pas encore lié vis-à-vis de son vendeur ; — il s'est borné à faire un *essai*, car il voulait un cheval *revendable*.

par cas fortuit. Le marchand pourra-il se prétendre libéré vis-à-vis de son vendeur, par application des art. 1588 et 1182, et néanmoins exiger le prix de son acheteur, en vertu de la loi du contrat passé avec ce dernier? Cela est vraiment inadmissible ; il faut traiter la clause *exprimée* comme la clause *présumée*. Le marchand, dans l'espèce, n'a souffert aucun préjudice dans son patrimoine ; ne portant pas les risques de la chose, il n'avait aucun intérêt à sa conservation, et l'obligation contractée par son acheteur est sans cause [1]. Mais il en serait autrement si lui-même, quoique non encore rendu propriétaire définitif par le contrat, s'était cependant chargé des risques par une clause de ce même contrat. La perte de la chose grèverait alors son patrimoine; il aurait donc le droit d'agir contre son acheteur. C'est pour pouvoir faire cette dernière précision que nous avons construit l'espèce compliquée qui précéde; d'ailleurs la règle qui refuse l'action au vendeur quand il n'est pas propriétaire, se confond dans notre droit français moderne avec la disposition qui déclare nulle la vente de la chose d'autrui.

Troisième cas. — Nous venons d'admettre que le vendeur, *quoique non propriétaire*, pourrait cependant réclamer le prix lorsqu'il portait les risques de la chose en vertu, par exemple, d'une clause spéciale contenue dans un contrat antérieur. Cette solution pourrait-elle profiter au voleur sous prétexte qu'il supporte également les risques de la chose en vertu de l'art. 1302 Cod. civil?

Ainsi un voleur a dérobé un cheval ; — trois ans après le vol le voleur, ou son héritier agissant de bonne foi, vend ce cheval à un tiers. Le cheval périt avant la tradition. — Si le vol est alors découvert, l'acheteur coupera court à toute réclamation touchant le prix en opposant l'exception tirée de la nullité de la vente qui a porté sur la chose d'autrui. Mais l'espèce pourrait se trouver compliquée d'incidents particuliers de nature à enlever à l'acheteur ce moyen de défense ; comment répondrait-il alors au voleur (ou à ses représentants) argumentant de ce que le vendeur supportant

[1] Mais le propriétaire, vendeur primitif, ne pourrait-il pas agir contre le sous-acheteur? Nous ne le pensons pas. Sa situation continue d'être régie par les art. 1588 et 1182, et ne saurait être améliorée par le fait de son acheteur (art. 1165).

les risques avait intérêt, quoique non propriétaire, à la conservation de la chose ?

Le voleur, par le fait matériel du vol, avait assumé, vis-à-vis du propriétaire l'obligation de restituer en prenant tous les risques à sa charge. La vente de l'objet volé consentie à un tiers soit par le voleur lui-même, soit par son héritier, ce dernier fût-il de bonne foi, se trouve en fait n'être qu'une tentative, volontaire ou inconsciente, pour éluder l'exécution de l'obligation de restituer en transportant les risques sur un autre. Or, ce n'est que pour le propriétaire, et non pour le voleur, qu'il est exact de prétendre que la vente est un moyen légitime de transporter sur autrui les risques d'une chose.

Par conséquent, et en résumé, dans les trois cas qui précèdent, le vendeur n'a pas le droit de réclamer le prix si la chose vendue vient à périr par cas fortuits.

§ V.

Cas où la chose qui a péri a été l'objet de ventes multiples ou était assurée.

I. Tous les acheteurs sont tenus *in solidum* dans les cas de vente multiple.

II. Mais le paiement ne peut être exigé qu'une fois ; difficultés en cas de paiements partiels.

III. Cas où la chose qui a péri était assurée par le vendeur.

IV. Incohérence de la doctrine et de la jurisprudence.

V. L'assureur demeure toujours tenu.

VI. Il est tenu *principalement,* sans recours contre l'acheteur.

VII. La présente théorie n'est applicable qu'à la vente et aux conventions analogues à la vente.

VIII. Observation sur l'utilité pratique résultant de l'examen des espèces les plus insolites.

I. Le vendeur ne peut donc réclamer le prix en cas de perte de la chose que lorsqu'il était propriétaire, ou quoique non propriétaire, lorsqu'il portait les risques de la chose. Mais il peut arriver qu'à ce point de vue il paraisse investi de l'action à l'égard de plusieurs acheteurs différents. Pourra-t-il utilement exercer son action contre chacun d'eux ? C'est précisément la difficulté soulevée par l'hypothèse de plusieurs ventes consenties le même jour à plusieurs acheteurs d'un objet qui a péri avant que la tradition ait été faite à aucun d'entre eux.

D'abord il n'est pas douteux, comme nous l'avons vu plus haut, que l'examen de la question vis-à-vis de chacun des acheteurs considéré comme s'il était seul ne conduise forcément à reconnaître que chacun d'eux est tenu.

Mais nous avons aussi fait remarquer que, *de cette circonstance que tous les acheteurs sont tenus, il n'en résulte pas* NÉCESSAIREMENT *que le vendeur puisse encaisser plusieurs fois le prix de la même chose.*

En pareille hypothèse, il est manifeste que le vendeur doit être payé *une fois;* or, puisqu'il se trouve en présence de plusieurs acheteurs qui tous doivent également le prix, il en résulte tout naturellement que le vendeur, de bonne ou mauvaise foi, peu importe, pourra réclamer le prix convenu de l'un des acheteurs à son choix, et le paiement effectué par l'acheteur interpellé libèrera tous les autres.

En d'autres termes, nous rencontrons ici un cas d'obligation *in solidum* qui n'est pas sans quelque analogie avec celui de plusieurs personnes ayant isolément cautionné par des actes différents la même dette. Mais comment se fait-il qu'une solution aussi simple et dont la justesse est saisissante ne se soit pas tout d'abord présentée spontanément à l'esprit ? C'est que *tout d'abord* l'esprit n'apercevait pas l'unique point essentiel, que l'analyse seule pouvait mettre en lumière et qui est celui-ci :

Quand la chose a péri, le prix n'est en réalité qu'une INDEMNITÉ.

Or, quand la perte d'une chose soumet plusieurs acheteurs différents à payer le prix de cette chose, en réalité chacun des acheteurs est tenu de procurer au vendeur l'*indemnité* du même préjudice.

Donc, malgré la multiplicité *possible* des demandes ou actions, en réalité l'indemnité ou le prix n'est dû *qu'une fois*, et le paiement fait par un seul des débiteurs doit libérer tous les autres.

II. Il faudra du reste appliquer les principes ordinaires en matière d'obligations *in solidum* ; ainsi :

Chaque acheteur ne doit que le prix convenu avec lui-même ;

Quand il a effectué ce paiement, il a, par le fait, libéré tous les autres. Mais comme il n'a fait qu'éteindre une obligation qui lui était personnelle, il n'a de recours contre aucun.

Mais c'est le paiement *intégral* et non la demande qui éteint le droit du vendeur. Le vendeur qui n'a reçu qu'un paiement partiel conserve donc son action pour le solde. Donc, si la même chose ayant été vendue a un acheteur pour 1000 fr. et à un autre pour 1500 fr., le vendeur reçoit 1000 fr. du premier, il ne pourra recourir contre l'autre pour obtenir la différence en plus, car ayant reçu un paiement *intégral* son droit est éteint ; il a dû délivrer quittance du prix. Si les deux acheteurs sont également solvables, il est évident que le vendeur aura intérêt à agir contre celui qui doit le prix le plus élevé. Mais supposons que l'acheteur qui doit 1500 fr. soit solvable à concurrence seulement de 500 fr., il est certain que le vendeur pourra recourir contre l'autre acheteur pour obtenir le complément de ce qui lui est dû. Ce dernier à qui on ne peut réclamer que 1000 fr. aura seulement le droit d'imputer sur le prix le plus élevé l'à-compte déjà perçu. A l'inverse, si le vendeur n'avait pu tirer que 500 fr. de l'acheteur qui en devait 1000, il pourrait recourir contre celui qui en devait 150[illegible] pour obtenir la différence entre 500 et 1500, c'est-à-dire 100[illegible]. Ce dernier ne pourrait pas offrir au vendeur seulement ce qui manque pour compléter le prix moins élevé convenu avec l'autre.

Il est manifeste que toutes ces combinaisons peuvent se prêter à des tentatives de chantage de la part du vendeur contre les divers acheteurs ; mais cet inconvénient est inhérent à la situation. Il existe dans tous les cas où le créancier peut agir à son gré contre plusieurs débiteurs. Le droit commun fournit d'ailleurs un correctif suffisant dans les règles concernant la cause (art. 1131).

Si, en fait, deux ou plusieurs acheteurs avaient payé le prix au vendeur, l'action en répétition appartiendrait à tous ceux qui auraient payé après le premier, puisqu'ils étaient libérés. Dans le cas de paiements effectués le même jour ou pouvant être considérés comme ayant la même date, vu l'impossibilité d'accorder la répétition à l'un plutôt qu'à l'autre, chaque acheteur devrait l'avoir pour une fraction égale si tous les prix étaient égaux entre eux. Si les divers prix payés étaient inégaux, la répétition devrait s'exercer au *prorata* de chaque prix, de manière à laisser entre les mains du vendeur une somme égale au prix le plus élevé. On ferait donc la *somme* de tous les prix payés, on en retrancherait le plus élevé, et sur le reste chaque *solvens* exercerait sa répétition proportionnelle.

III. Les difficultés que nous venons de résoudre nous conduisent maintenant à examiner une situation nouvelle, de nature à se présenter assez souvent dans la pratique, et qui est régie par les mêmes principes.

Nous voulons parler du cas où la chose vendue était assurée, et a péri dans des circonstances où l'indemnité aurait dû être payée au vendeur sans difficulté si la vente n'avait pas eu lieu.

Après ce que nous venons de dire, on aperçoit facilement la solution qu'il convient d'adopter. Le vendeur se trouve en présence de deux débiteurs *in solidum*. Mais les auteurs et la jurisprudence n'ont pas trouvé la chose aussi simple. Il est peu de matières qui aient donné lieu à des solutions plus incohérentes que le *contrat d'assurances*. On en trouve le tableau complet dans le *Répertoire* de MM. Dalloz, v° *Assurances terrestres*. Nous y avons d'abord remarqué l'incroyable assertion suivante qu'il importe de citer textuellement :

IV. « N° 55. On demande d'abord si, par le fait de la vente, l'assuré vendeur est déchargé de ses obligations et perd qualité pour réclamer le bénéfice de l'assurance. *Il est incontestable* (!) que l'assuré qui a vendu ou qui a été exproprié ne peut plus réclamer le bénéfice du contrat, et exiger, s'il y a eu sinistre, l'indemnité d'assurances. En effet, *il n'a plus aucun intérêt à la chose assurée*. Il a reçu ou doit en recevoir le prix de son acquéreur. Il ferait un bénéfice s'il le touchait une deuxième fois des mains de l'assureur, il profiterait de l'assurance sans courir aucun risque, le nouveau propriétaire aurait seul toutes les chances, et l'ancien aurait seul droit à la réparation des dommages éprouvés. *Tous les auteurs sont d'accord sur ce point ainsi que la jurisprudence.* »

L'erreur de cette singulière solution se trouve déjà rendue évidente par l'exposé de la théorie qui précède. Cette erreur a sa source d'abord dans une perception intuitive de cette vérité qu'il n'est pas possible d'admettre que le vendeur puisse encaisser deux fois la valeur de sa chose, et en même temps dans la méconnaissance du véritable caractère du prix qui devient en réalité une indemnité quand la chose a péri. De ce que, dans cette hypothèse, l'acheteur demeure *tenu* vis-à-vis du vendeur, on en a conclu qu'il devait *nécessairement* payer, et que, par conséquent l'assureur était libéré. Or, la vérité est que l'acheteur n'est tenu à l'égard du vendeur, comme nous l'avons démontré, que si le vendeur ne se trouve pas *indemnisé* d'autre part [1]. Or, dans notre hypothèse le contrat d'assurances avait eu précisément pour effet d'attribuer au vendeur un droit à une indemnité. Pour être logiques, les partisans de la solution que nous critiquons auraient dû admettre, tout au moins, que l'assureur ne devait être libéré que par le *paiement intégral* du prix de la part de l'acheteur qui peut, en effet, être insolvable. Ils sont allés plus loin ; ils ont admis que l'assureur était libéré *par le fait même de la vente* consentie par l'assuré, ce qui serait une nouvelle erreur greffée sur la première.

V. Il est facile de démontrer :

1° Que l'assureur demeure tenu malgré la vente ;

[1] Nous pouvons invoquer à l'appui de notre doctrine l'autorité de notre savant ami M. Humbert, aujourd'hui procureur général près la Cour des comptes. Nous trouvons en effet mentionné dans l'excellente thèse de doctorat de M. Léonard Lacroix sur *les risques et périls* (Toulouse 1876), que pour expliquer la L. 33, D. 19, 2, M. Humbert aurait avancé dans son cours, que ce texte présenterait un sens rationnel si on le considérait comme visant un cas d'expropriation pour cause d'utilité publique arrivé avant la tradition. « En effet, l'exproprié (le vendeur), ayant reçu une indemnité, s'il n'était pas forcé de rendre le prix, aurait à la fois et l'indemnité et le prix, et par là serait violé le principe qui défend à quiconque de s'enrichir aux dépens d'autrui (p. 71). » — Il est manifeste qu'une telle opinion implique l'adoption de notre théorie générale.

2° Qu'il est tenu principalement et d'une manière absolue ; qu par conséquent, s'il a d'abord payé sur l'interpellation de l'assuré vendeur, il n'a pas de recours à exercer contre l'acheteur ; que si, au contraire, c'est l'acheteur qui a d'abord payé parce qu'il a été interpellé par le vendeur, ce dernier doit lui faire cession de ses droits contre l'assuré.

Et d'abord, disons-nous, l'assureur demeure tenu malgré la vente de la chose assurée. Cela nous paraît d'une évidence manifeste. Il est faux de prétendre que le vendeur *n'a plus intérêt à la conservation de la chose assurée*, sous prétexte qu'il doit en recevoir le prix. Il n'est pas certain, en effet, que sa créance quant au prix soit encaissée. Cette créance est garantie par un privilége ; elle est encore rendue efficace par le droit de demander la résolution de la vente (art. 1654, 1657, C. c.). Or, la perte de la chose anéantit le privilége et l'action en résolution, qui peuvent être la seule garantie sérieuse du vendeur si l'acheteur est peu solvable. Le vendeur, malgré la vente, a donc toujours le plus grand intérêt à la conservation de la chose assurée devenue comme le gage de sa créance. Remarquons de plus que les créanciers hypothécaires et même les chirographaires sont admis sans difficulté à l'assurance, comme tous ceux qui ont un droit éventuel à la chose assurée [1]. Le vendeur comme créancier du prix, comme investi par la faculté de demander la résolution d'un droit éventuel à la chose assurée, aurait donc qualité pour faire assurer la chose *à raison de l'intérêt qu'il a à sa conservation*, et on soutient que la vente par lui consentie anéantit l'assurance parce que désormais *il n'a plus ce même intérêt...!* Ceci confine tout simplement à l'absurde.

Mais ce n'est pas tout ; admettons pour un instant cette solution *sur laquelle tous les auteurs sont d'accord ainsi que la jurisprudence*, admettons que le fait de la vente rompe le contrat d'assurances, et fasse évanouir le droit de l'assuré ; quelle est la conséquence forcée d'une telle solution ? C'est que désormais il ne saurait être le moins du monde question de la possibilité de céder ce droit évanoui. Ce n'est pas ainsi cependant que la chose a été envisagée.

[1] Voy. DALLOZ, *Répert.* v° *Assurances terrestres*, n°s 81 et 86.

Après avoir commencé par constater que, par la vente, le bénéfice de l'assurance est anéanti *à l'égard du vendeur*, les auteurs du même *Répertoire* écrivent ce qui suit (*loc. cit.* n° 57) :

« Maintenant quelle doit être la décision *à l'égard de l'acquéreur ?* Ici la question devient plus difficile encore (!), et c'est un des points sur lesquels se fait vivement sentir le besoin d'une loi spéciale sur les assurances terrestres (!!). Admettons d'abord que le bénéfice de l'assurance (ce bénéfice qui vient de s'évanouir) n'a été l'objet d'aucune stipulation entre le vendeur et l'acheteur, passe-t-il de plein droit à ce dernier? *La plupart des auteurs pensent que oui* (*!!!*). »

Tous les auteurs ont donc commencé par admettre que la vente avait détruit le droit de l'assuré à une indemnité, et maintenant la plupart d'entre eux estiment néanmoins que ce droit détruit passe *recta via* à l'acheteur !...

Ce n'est pas fini :

« Venons maintenant, lisons-nous toujours dans le même *Répertoire* (n° 58) au cas où le vendeur aurait expressément cédé à son acheteur les droits (les droits anéantis) résultant de l'assurance. La même divergence s'élève entre les mêmes auteurs sur la question de validité de cette stipulation. »

Nous croyons inutile de pousser plus loin l'examen d'opinions aussi peu consistantes, et qui d'ailleurs ne doivent pas nous surprendre. Les auteurs qui ont étudié les matières juridiques ordinaires l'ont fait, en général, dans le but unique de rechercher la vérité en dehors de toute idée systématique ou préconçue. On ne pourrait en dire autant de tous ceux qui ont écrit sur les *assurances*. Certains, parmi eux, ont écrit principalement dans le but peu dissimulé de faire triompher toujours et quand même les solutions favorables aux intérêts des compagnies d'assurances. Il en est résulté des travaux bizarres, où les opinions les plus étranges ont été soutenues. Quoique sans valeur scientifique, ces écrits ont quelquefois exercé une influence fâcheuse sur la jurisprudence, et contribué à corrompre la saine doctrine. Aussi, sans chercher à réfuter cette littérature, nous nous bornerons à maintenir, ce que nous avons d'ailleurs démontré, que malgré la vente, l'assureur demeure toujours tenu vis-à-vis de l'assuré.

VI. Mais nous avons de plus avancé qu'il demeurait tenu principalement et d'une manière absolue, en d'autres termes qu'il ne pouvait pas avoir de recours contre l'acheteur, et qu'il devait, au contraire, être soumis le cas échéant au recours de ce dernier.

Cette solution découle nécessairement de ce que le bénéfice du contrat d'assurance étant *cessible*, le vendeur s'oblige implicitement à le céder, *s'il y a lieu*, à l'acheteur. Mais il faut soigneusement distinguer suivant les hypothèses.

Première hypothèse. — L'assuré vend la chose à un tiers ; la chose est livrée et le prix payé. Le bénéfice du contrat d'assurance ne pouvant être réservé par le vendeur payé pour qu il serait sans objet, doit être considéré comme implicitemen cédé à l'acheteur. Cette solution ne provient pas de ce que le bénéfice de ce contrat pourrait être considéré comme constituant une sorte de droit réel, ou un accessoire de l'objet vendu ; de tels aperçus seraient manifestement faux ; mais elle dérive de la disposition de l'art. 1135 C. c. ainsi conçu : « Les conventions obligent, non-seulement à ce qui est exprimé, mais encore à toutes les suites que l'équité, l'usage ou la loi donnent à l'obligation d'après sa nature. » D'après ce principe, le vendeur était obligé de céder son action éventuelle contre l'assureur, il faut donc considérer la cession comme effectuée, et l'acheteur aura une action *utile*.

Deuxième hypothèse. — La chose assurée a été vendue, mais elle n'a pas été livrée ni le prix payé. Le contrat ne contient aucune stipulation spéciale au bénéfice de l'assurance. Il faut encore raisonner comme ci-dessus, mais avec cette précision que le vendeur n'a pas voulu abandonner ses droits contre l'assureur, et qu'il s'est seulement *obligé à céder* (quand il y aurait lieu) plutôt qu'il n'a cédé actuellement à l'acheteur ce bénéfice lui-même. Dans cette hypothèse, si la chose vient à périr, le vendeur aura deux débiteurs tenus *in solidum* de la même dette, qui est une *indemnité*. Malgré la différence possible des chiffres, les deux dettes ont le même but. Le vendeur qui aura obtenu le montant de l'assurance ne pourrait donc exiger le prix de l'acheteur et ce dernier pourrait le répéter s'il l'avait payé.

Si au contraire le vendeur commence par agir contre l'acheteur pour obtenir le prix de vente, il sera obligé de céder à ce dernier son action contre l'assureur. Il y est obligé implicitement par la loi du contrat, car il faut encore appliquer ici l'art. 1135 ; il y est obligé, comme débiteur de la chose qui a péri, par l'art. 1303. « ..... Il est tenu s'il y a quelques droits ou actions *en indemnité* par rapport à cette chose, de les céder à son créancier. » Il est bon de remarquer que ce texte ne parle pas seulement des actions dérivant uniquement des faits qui ont déterminé la perte de la chose, actions qui d'ailleurs naissent directement sur la tête de l'acheteur, mais de *toutes* les actions qui peuvent exister *par rapport* à la chose, ce qui est aussi général que possible, et comprend par conséquent l'action contre l'assurance née sur la tête du vendeur.

Remarquons encore que dans toutes ces hypothèses l'acheteur ne pourra invoquer contre l'assureur qu'un droit *cédé*, qu'il fera voloir *procuratorio nomine*, et non comme un droit né directement dans sa personne, ce qui pourra être de la plus haute importance à plus d'un point de vue. Cela prouve, en passant, que contrairement à l'opinion des auteurs, l'art. 1303 n'est pas une inconséquence et peut présenter un sens utile.

Troisième hypothèse. — Enfin, dans le cas ci-dessus, où le prix n'est pas encore payé, le contrat contient la mention expresse de la cession faite par le vendeur à l'acheteur de son droit éventuel à une indemnité. Dans cette hypothèse, le droit dont il s'agit est sorti du patrimoine du vendeur par le fait de la cession ; ce dernier n'aura plus aucune action contre l'assureur et devra se contenter de son action contre l'acheteur.

Dans les trois hypothèses que nous venons de parcourir, il faudra appliquer la règle de droit commun que : Lorsqu'on a un droit mélangé d'obligations, on peut bien céder son droit, mais sans se soustraire à ses obligations [1]. Il en résulte que la cession ne

[1] Telle est la locution généralement adoptée par les jurisconsultes français et belges ; nous préférons cependant la suivante : *Les droits mélangés d'obligations sont incessibles ;* c'est-à-dire le rapport synallagmatique considéré *dans son ensemble* ne peut pas être transporté *en bloc* sur un tiers au moyen d'une cession. Mais on peut valablement céder les *chefs distincts de demande* naissant de ce même rapport, et présentant un intérêt *isolé*. C'est du reste

changera pas les rapports entre l'assureur et l'assuré, ce dernier aura toujours la charge d'entretenir l'assurance ou de la faire entretenir par l'acheteur.

Les compagnies spéculant sur la niaiserie du public ne manquent pas d'insérer dans les *polices* des clauses dérogeant plus ou moins complétement aux principes ci-dessus, telles que : *interdiction de céder, rupture du contrat en cas de vente,* etc. Mais c'est aux particuliers à ne pas se soumettre à de semblables exigences.

Maintenant que nous avons levé toutes les difficultés sur la véritable nature du prix, on pourra, si l'on veut, revenir à la formule que nous avons d'abord repoussée : *Le prix représente la chose,* mais en l'entendant comme signifiant que le prix est destiné à représenter la chose *dans le patrimoine du vendeur ;* or la chose ne peut y être représentée plus d'une fois.

VII. Enfin, pour compléter la théorie que nous venons d'exposer, nous ferons observer que les règles en dérivant ne peuvent recevoir d'application que tout autant qu'il s'agira de rapports issus du contrat de vente, ou de conventions assimilables à la vente. Les rapports nés d'autres contrats devront être régis par les principes spéciaux qui leur sont propres, ainsi par exemple :

Un commissionnaire a reçu commission d'acheter, pour un prix déterminé, la cargaison d'un navire attendu au port ; il a reçu plusieurs autres commissions semblables concernant la même cargaison ; il l'achète, et le navire périt. Pourrait-t-il réclamer le prix à chacun des commettants sous le prétexte, allégué vis-à-vis de chacun, que c'est à lui qu'il aurait transmis et livré la chose avec les documents ordinaires, si elle n'avait pas péri ?

Autre espèce : Un marchand de tableaux reçoit de plusieurs personnes, agissant chacune isolément, le mandat d'acheter moyennant un certain prix un tableau vendu aux enchères publiques, et dont livraison devra être prise dans les magasins de l'intermédiaire quand il sera devenu adjudicataire. Le fait se réalise. Mais le tableau périt par cas fortuit dans les magasins où il a été

ainsi que l'entendait Thibaut, premier auteur de la formule. V. Muhlenbruch, *Traité de la cession,* § 27.

transporté. Le mandataire pourra-t-il réclamer le montant de l'adjudication et ses honoraires à chacun des mandants, en faisant le même raisonnement que ci-dessus ?

La négative est certaine, mais il faut faire une distinction : Si l'intermédiaire, dans les deux hypothèses qui précèdent, agit d'abord contre un seul des mandants ou commettants, la difficulté résultant de l'hypothèse n'aura pas encore l'occasion d'apparaître, et le défendeur actionné seul devra payer.

La difficulté n'apparaîtra que si l'intermédiaire, après avoir agi et triomphé contre un premier mandant, voulait agir ensuite vis-à-vis d'un second. Celui-ci pourrait évidemment repousser la demande en opposant que la réclamation adressée d'abord au premier prouve que le mandataire n'a pas rempli le mandat vis-à-vis du second qui, par suite, ne doit rien et doit être relaxé. Mais alors nous pensons que le premier, qui a déjà payé, peut se prévaloir à son tour de la réclamation dirigée contre le second pour établir que le mandat n'a pas non plus été exécuté vis-à-vis de lui, mais peut-être dans l'intérêt d'un troisième qu'on ne nomme pas, que dès lors le paiement ayant été effectué sans cause peut être répété. Au besoin, il pourra y avoir lieu à requête civile (art. 481 § 1 et 10 C. p. c.). Il est manifeste que si l'intermédiaire avait la maladresse de diriger sa demande en même temps contre les divers mandants ou commettants, il résulterait de là qu'il n'a en réalité exécuté le mandat vis-à-vis d'aucun. De sorte que pour avoir voulu se réserver la possibilité d'un recours contre tous, il n'aurait finalement d'action contre aucun. Il faut naturellement appliquer la même solution dans le cas de demandes successives qui ne peuvent s'expliquer que par un calcul ne méritant pas la sanction de la loi.

VIII. Nous devons maintenant présenter en terminant une observation importante.

Il arrive quelquefois, et le travail actuel le prouve, que dans l'étude d'une matière difficile, on est conduit à prévoir et à discuter des hypothèses tellement compliquées ou bizarres, qu'il est permis de les considérer comme à peu près impossibles dans la pratique ordinaire des transactions civiles. Si de semblables concepts n'avaient d'autre but que d'exercer l'activité et la subtilité de l'esprit, on pourrait leur refuser une valeur sérieuse, et le temps dépensé à les élucider aurait pu être mieux employé. Mais il n'en est pas ainsi : Les espèces insolites auxquelles nous faisons allusion présentent ce grand avantage, en poussant les choses à l'extrême, de faire mieux ressortir les difficultés réelles, de rendre l'analyse abstraite plus facile, surtout de mettre davantage en relief les vrais principes qu'il conviendra d'appliquer ensuite aux cas réguliers et normaux se présentant le plus ordinairement. Il est donc permis d'affirmer que l'examen des espèces *extraordinaires* conduit à des résultats véritablement pratiques pour la solution des difficultés naissant des espèces *ordinaires*. La présente dissertation en fournit encore un exemple, puisque c'est la recherche d'une solution convenable pour le cas de la vente multiple d'un même objet, qui nous a fait trouver en définitive la véritable solution des difficultés auxquelles donnent lieu la vente et la perte d'une chose assurée.

Paris. — Imp. F. Pichon. — A. Cotillon & Cie, 37, rue des Feuillantines, & 24, rue Soufflot.

www.ingramcontent.com/pod-product-compliance
Ingram Content Group UK Ltd.
Pitfield, Milton Keynes, MK11 3LW, UK
UKHW020418220726
13923UKWH00005B/2020

9 782019 272630